Mis primeros libros de ciencia

Empuja y jala con MÁQUINAS GRANDES

Nicola Lopetz
Traducción de Pablo de la Vega

Un libro de El Semillero de Crabtree

CRABTREE
Publishing Company
www.crabtreebooks.com

T0020331

Apoyos de la escuela a los hogares para cuidadores y maestros

Este libro ayuda a los niños en su desarrollo al permitirles practicar la lectura. Abajo están algunas preguntas guía para ayudar al lector a fortalecer sus habilidades de comprensión. En rojo hay algunas opciones de respuesta.

Antes de leer:

• ¿De qué pienso que tratará este libro?
  • *Pienso que este libro es sobre máquinas grandes.*
  • *Pienso que este libro es sobre fuerzas que jalan y empujan.*

• ¿Qué quiero aprender sobre este tema?
  • *Quiero aprender qué pueden hacer las máquinas grandes.*
  • *Quiero aprender sobre diferentes tipos de máquinas.*

Durante la lectura:

• Me pregunto por qué...
  • *Me pregunto por qué un buldócer puede mover rocas grandes.*
  • *Me pregunto por qué los buldóceres tienen grandes palas al frente.*

• ¿Qué he aprendido hasta ahora?
  • *Aprendí que puedes empujar algo para hacer que se mueva.*
  • *Aprendí que si jalas algo puedes moverlo hacia ti.*

Después de leer:

• ¿Qué detalles aprendí de este tema?
  • *Aprendí que las fuerzas que jalan y empujan hacen que las cosas se muevan.*
  • *Aprendí que a mayor fuerza, más lejos se moverá un objeto.*

• Lee el libro de nuevo y busca las palabras del vocabulario.
  • *Veo la palabra **empujar** en la página 8 y la palabra **jalarlo** en la página 14. Las demás palabras del vocabulario están en la página 22.*

Índice

Empuja

Jala

Las máquinas grandes empujan

Usamos **máquinas** grandes
para mover cosas.

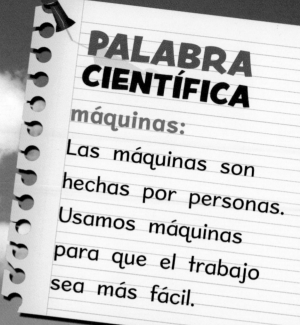

PALABRA CIENTÍFICA

máquinas:

Las máquinas son hechas por personas. Usamos máquinas para que el trabajo sea más fácil.

Usamos un buldócer para mover tierra y piedras.

Un buldócer tiene una gran pala para **empujar** la tierra y las piedras hacia otro lugar.

pala

¿Qué buldócer necesitará empujar más?

PALABRA CIENTÍFICA

fuerza:

Algo que jala o empuja algo más.

Sí, este. Tendrá que usar más **fuerza** para empujar la piedra más grande.

Las máquinas grandes jalan

Usamos un tractor para
mover un remolque.

Un remolque es enganchado
al tractor para que pueda **jalarlo**.

PALABRA CIENTÍFICA

jalar:

Mover algo hacia ti.

¿Qué tractor necesitará
jalar con más fuerza?

Sí, este. Tendrá que usar más fuerza
para jalar el remolque más grande.

Aprende más sobre la fuerza

Usa una fuerza mayor o menor para hacer que un objeto se mueva.

1. Usa un camión o carro de juguete. Empuja suavemente el juguete y mide cuánto avanza.

2. Coloca el juguete en el mismo lugar de partida y empújalo con más fuerza.

¿Cuál de los dos movimientos hace que el juguete avance más?

Ahora anuda una cuerda al juguete. Haz el mismo experimento jalándolo, primero suave y luego fuertemente. ¿Qué fuerza hizo que el carro se moviera más lejos: el empuje con la mano o el jalón con la cuerda?

¿Qué aprendiste?

¿Qué oración no es verdadera?

a. Las máquinas son hechas por personas.

b. Las máquinas hacen el trabajo más sencillo.

c. Las máquinas no ayudan a la gente.

Empujamos o jalamos algo
para hacer que se mueva.

Verdadero   Falso

¿En qué piedra se deberá usar
más fuerza para moverla?

a.   b.   c.

Glosario de palabras científicas

empujar:

Empujar es alejar algo de ti haciendo presión sobre ello.

fuerza:

Una fuerza es algo que jala o empuja algo más.

jalar:

Jalar es mover algo hacia ti.

máquinas:

La máquinas son hechas por personas. Usamos las máquinas para que sea más fácil hacer el trabajo.

Índice analítico

CRABTREE Publishing Company

Written by: Nicola Lopetz

Translation to Spanish: Pablo de la Vega

Spanish-language layout and proofread: Base Tres

Print and production coordinator: Katherine Berti

Photo credits:

Cover ©shutterstock.com/Aleksey, Page 2 ©shutterstock.com/Zdenek Sasek Page 4/5 ©shutterstock.com/GIRODJL, Page 6/7 ©shutterstock.com/ TFoxFoto, Page 8/9 ©shutterstock.com/GIRODJL, Page 10/11 ©shutterstock. com/bulldozer © Vladimir Sazonov, rock © photka, Page 12/13 ©shutterstock. com/jan kranendonk, Page 14/15 ©shutterstock.com/Hansen, Page 16/17 © tractor © shutterstock.com /Photobac, trailer © shutterstock.com /Anatoliy Kosolapav, Page 18/19 ©shutterstock.com/Sabphoto ZouZou, Page 22/23 ©shutterstock.com/M.INTAKUM

Library and Archives Canada Cataloguing in Publication

Title: Empuja y jala con máquinas grandes / Nicola Lopetz ; traducción de Pablo de la Vega.

Other titles: Push and pull with big machines. Spanish

Names: Lopetz, Nicola, author. | Vega, Pablo de la, translator.

Description: Series statement: Mis primeros libros de ciencia | "Un libro de el semillero d Crabtree". | Translation of: Push and pull with big machines. | Includes index. | Text in Spanish.

Identifiers: Canadiana (print) 20210241411 | Canadiana (ebook) 2021024142X | ISBN 9781039619654 (hardcover) | ISBN 9781039619708 (softcover) | ISBN 9781039619753 (HTML) | ISBN 9781039619807 (EPUB) | ISBN 9781039619852 (read-along ebook)

Subjects: LCSH: Force and energy—Juvenile literature. | LCSH: Earthmoving machinery—Juvenile literature.

Classification: LCC QC73.4 .L6618 2022 | DDC j531/.11—dc23

Library of Congress Cataloging-in-Publication Data

Names: Lopetz, Nicola, author. | Vega, Pablo de la translator.

Title: Empuja y jala con máquinas grandes / Nicola Lopetz ; traducción de Pablo de la Vega.

Other titles: Push and pull with big machines. Spanish

Description: New York, NY : Crabtree Publishing Company, [2022] | Series: Mis primeros libros de ciencia - un libro el semillero de Crabtree | Includes index.

Identifiers: LCCN 2021027127 (print) | LCCN 2021027128 (ebook) | ISBN 9781039619654 (hardcover) | ISBN 9781039619708 (paperback) | ISBN 9781039619753 (ebook) | ISBN 9781039619807 (epub) | ISBN 9781039619852

Subjects: LCSH: Earthmoving machinery--Juvenile literature. | Force and energy--Juvenile literature.

Classification: LCC TA725 .L67618 2022 (print) | LCC TA725 (ebook) | DDC 629.225--dc23

LC record available at https://lccn.loc.gov/2021027127

LC ebook record available at https://lccn.loc.gov/2021027128

Crabtree Publishing Company

Printed in the U.S.A./072021/CG20210514

www.crabtreebooks.com   1-800-387-7650

Print book version produced jointly with Crabtree Publishing Company in 2022

Content produced and published by Blue Door Publishing LLC dba Blue Door Education, Melbourne Beach FL USA. Copyright Blue Door Publishing LLC. All rights reserved. No part of this book may be reproduced or utilized in any form or by any means, electronic or mechanical including photocopying, recording, or by any information storage and retrieval system without permission in writing from the publisher.

Published in the United States
Crabtree Publishing
347 Fifth Avenue, Suite 1402-145
New York, NY, 10016

Published in Canada
Crabtree Publishing
616 Welland Ave.
St. Catharines, Ontario L2M 5V6